# TISSEZ VOS FLEURS SÉCHÉES

NATHALIE GEOFFROY

2021

les éditions de saxe

# SOMMAIRE

# AVANT PROPOS

# NATHALIE
## PARCOURS VÉGÉTALISÉ

Je suis dirigeante d'un bureau de créations artistiques, N+Co depuis 2014 et malgré ma sensibilité artistique, j'ai mis du temps à passer à l'acte...

J'affectionne tout partculièrement la nature, elle nous offre des trésors incroyables. J'ai constitué au fil des ans mon petit cabinet de curiosités végétales. J'adore prendre mon vélo pour cueillir dans les fossés, dans les sous-bois, dans les près, en faisant attention à ne pas déraciner la fleur pour qu'elle puisse repousser. Je les fais sécher la tête en bas ou je les presse dans de vieux bouquins épais (en quelques jours, la fleur est pressée, par contre 2 à 3 semaines de séchage sont nécessaires).

J'adore ce moment où l'on découvre la fleur, c'est magique. Et il suffit d'un été pour se créer une magnifique palette de couleurs. Les végétaux offrent d'infinies possibilités de créations. De ces fleurs, j'ai démarré par des herbiers.

Je crée des oiseaux végétalisés. Je commence par une aquarelle que je pigmente de fleurs séchées ou de feuillages en fonction des saisons.

Je façonne des empreintes de fleurs dans de la terre blanche.

**Isabelle Faivre,** une amie artiste en papier découpé, créé de mini-tableaux tissés avec différents végétaux que vous pouvez découvrir page 81.

Isabelle m'a donné envie de m'essayer à ce mélange de tissage et de végétal. Aujourd'hui, je suis heureuse de vous présenter et de partager avec vous mes secrets de fabrication...

1.Métier à tisser
2.Peigne
3.Navette
4.Fil de trame
4.Fil de chaîne
(peut être différent en
fonction de la création)
5.Aiguille
6.Ciseaux
7.Végétaux
8.Tige de bois

# MATÉRIEL

# ENCADREMENT

Je travaille des cadres de métier à tisser en formats ronds et rectangulaires. J'aime particulièrement créer sur des petits formats. Je n'utilise pas toujours l'intégralité du cadre du métier à tisser. Le choix de ce dernier se fait une fois mon tissage terminé, afin de ne pas me contraindre dans la création. Je réalise toujours mes tissages au feeling, en fonction des matières que j'ai sous la main.
Pour les tissages en relief, voici les 4 types de formats que je préconise :

1.

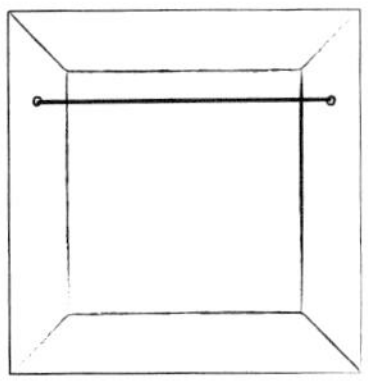

**CADRE BOIS CARRÉ 17,5X17,5 CM**

Pas de vitre, 2 trous de gauche à droite pour y insérer une tige de bois afin de maintenir le tissage en haut.

2.

**CADRE BOIS 17,5x12,5 CM**

Vitre sur l'arrière, 2 trous dans le bois de gauche à droite pour y insérer une tige de bois qui maintient le tissage.

3.

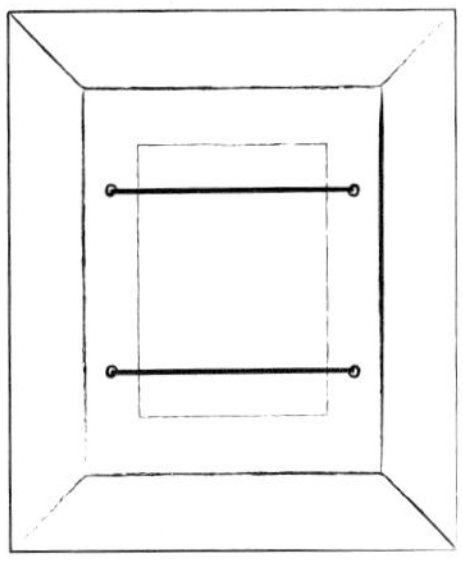

**CADRE BOIS 27,5X22,5 CM**
**AVEC MARIE-LOUISE**

Vitre sur le devant, 2 trous de gauche à droite pour y insérer une tige de bois afin de maintenir le tissage en haut et en bas.

4.

Pour des tissages avec un relief important, je préfère rester dans le cordon fixé à la tige comme un mobile.

# FLEURS

De gauche à droite
et de haut en bas :

**Pétales de roses**
pressées, séchées

**Pâquerettes**
• 2021
cueillies
au printemps
en Normandie
pressées, séchées

**Colza** • 2021
cueilli au printemps
en Normandie
pressé, séché

**Anémones des bois**
• 2021
cueillies
au printemps
en Normandie
pressées, séchées

**Jacinthes des bois**
• 2021
cueillies
au printemps
en Normandie
pressées, séchées

**Boutons d'or** • 2021
cueillis au printemps
en Normandie
pressés, séchés

# PRODUCTION & SÉCHAGE

La plupart des tissages et herbiers sont réalisés avec une matière première que je glane, que je produis ou que j'achète auprès de producteurs de fleurs séchées en France.

J'ai une petite parcelle de terrain où je sème mes fleurs sauvages afin de pouvoir également les faire sécher.

Pour les fleurs sauvages que je cueille, je les presse avec un pressoir en bois, je mets les fleurs sur du papier absorbant entre 2 magazines, quelques heures suffisent.

Une fois pressées, j'étends les fleurs soit au soleil, soit dans une pièce chaude sur du papier absorbant. Cela peut prendre 2 à 4 jours en fonction de l'épaisseur du végétal retenant plus ou moins d'eau.

Pour les herbiers toutes les fleurs m'intéressent. Pour les tissages, je recherche plus des végétaux longs, à grappes afin de pouvoir enfiler la fleur le long du fil de chaîne comme une aiguille.

Mon process reste toujours expérimental et j'enrichis tous les ans ma matière végétale au gré des fleurs qui sèchent plus ou moins bien.

CHAPITRE 1.

# TISSEZ LES SAISONS

ET LE CHOIX DES TIGES ET FILS DE CHAÎNE

# PAS À PAS FIL DE CHAÎNE

**MATÉRIEL**

- ·Métier à tisser
- ·Format des cadres rectangulaires utilisés 20x17 cm ou 39x29,5 cm
- ·Peigne
- ·Navette
- ·Fil de chaîne
- ·Aiguille
- ·Ciseaux
- ·Végétaux
- ·Tige de bois

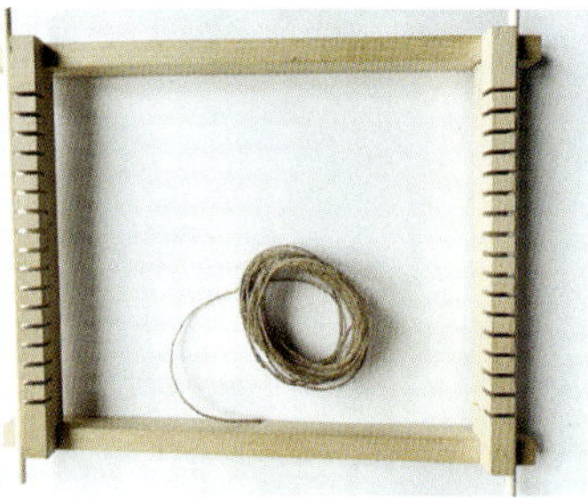

**Ce qu'il faut savoir...**

Les fils verticaux qui vont d'une ensouple à une autre (ou du bas en haut du métier) **s'appelle les fils de chaîne.** Les fils que l'on passe à l'horizontale, d'une lisière à une autre s'appellent **les fils de trame**. Le fil de trame passe au-dessus puis au-dessous des fils de chaîne. Au rang suivant, l'ordre est inversé, on passe d'abord au-dessous puis au-dessus. Ceci est l'une des nombreuses combinaisons d'entrecroisement de fils possible. Il en existe plein d'autres, mais pour le moment, j'utilise la plus simple. Le tissage n'est qu'un ancrage pour créer mes tableaux végétaux.

**Étape 1 :**

**a** — Je travaille avec un cadre basique pour maintenir le tissage. Choisissez une cordelette solide ne risquant pas de casser lorsque vous tendrez la trame.

**b** — Faites un double nœud autour de la première fente du bas du cadre et tendez le fil ensuite sur la fente de la barre opposée du haut. Repassez le fil dans la deuxième fente du bas, puis vers la droite autour de la fente et tendez-le sur la barre du haut. Continuez cette manipulation sur toute la surface du cadre.

**a** —

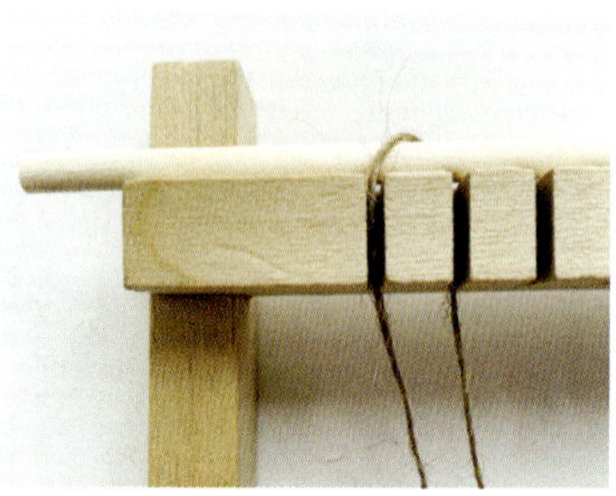

**b** —

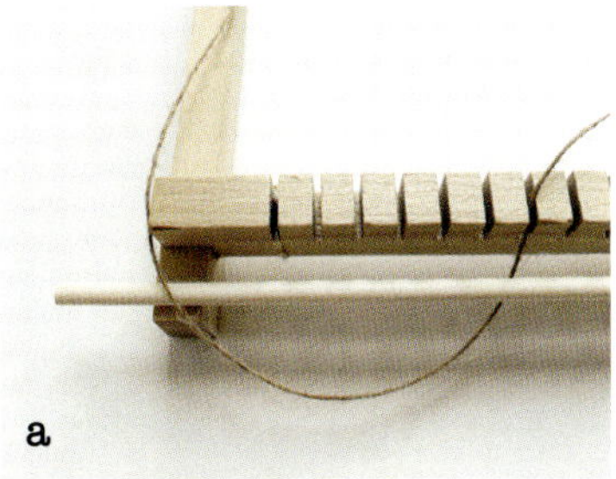

a

b

c

d

e

e

**Étape 2 :**

**a** — Placez la tige de bois en bas à l'extérieur du métier à tisser, avec le fil dans la première fente.

**b** — Ensuite, faites passer le fil sous la tige...

**c** — puis dans la fente suivante.

**d** — Tendez bien entre chaque fente.

**e** — Faites cela jusqu'au bout du cadre.

**Étape 3 :**

En fin de trame, coupez le fil et faites un double nœud autour de la fente du cadre. La trame est prête pour démarrer le fil de trame.

**bas**

**haut**

# TIGES ET FILS DE CHAÎNE

La tige est un élément important pour le maintien du tissage.
Vous pouvez la choisir au gré de vos créations, cela peut être un rappel des végétaux du tissage ou un simple bâtonnet en bois.

Je choisis le fil de chaîne en fonction des végétaux que je vais utliser.
Choisissez un cordon solide ne risquant pas de casser lors de la tension de votre trame et permettant de soutenir les végétaux. J'aime beaucoup les fils d'or et d'argent qui «réveillent» le tissage, c'est un joli détail à ne pas mettre de côté.
Pour certains tissages, le fil ne sera visible que sur la tige du haut, le fil de chaîne peut ainsi être caché par un tissage très touffu. Pour d'autres, je peux tisser différents cordons pour donner une dynamique au tissage. Mais c'est aussi en fonction des goûts de chacun.

TISSAGES

# AUTOMNE & HIVER

TISSAGE D'HIVER

FLEURS FRAÎCHES

# MIMOSA

Plante dicotylédone de la famille des légumineuses et de la sous-famille des Mimosées ; arbrisseau ou arbre des régions chaudes, à feuilles composées bipennées et dont les folioles se rétractent au moindre attouchement, à petites fleurs groupées en épis de couleur rose ou blanche.

**Temps de réalisation :**
3 heures

LE SAVIEZ-VOUS ?

Le mimosa est originaire d'Australie.
Issu de la famille des acacias, les premiers plants ont été recueillis par les anglais en 1780 et dispersés en Europe, pour le plus grand bonheur des jardins botaniques. L'attrait des Anglais pour le sud-est de la France a permis d'implanter cette fleur sur toute la côte méditerranéenne, où elle a pu s'y épanouir pleinement grâce au climat favorable.

# PAS À PAS FIL DE TRAME

**MATÉRIEL**
Métier à tisser
Fil de trame et fil de chaîne :
fil d'or
Peigne
Navette
Ciseaux
Tiges de bambous et tiges de bois
Mimosa frais

**Étape 1 :**
Réalisez votre fil de trame selon les explications p. 16-18.
Sur cette réalisation, le bâtonnet se trouve à l'intérieur et non à l'extérieur du métier à tisser.
Commencez par faire un nœud sur la tige de bois à gauche puis à l'aide de l'aiguille, passez dessus dessous. En fin de ligne, faites un nœud à droite également sur le bâtonnet.

**Étape 2 :**
Faites 4 à 5 allers-retours de fil de chaîne en fil d'or à l'aide de l'aiguille, une fois au-dessus, une fois en dessous, puis insérez une tige de bambou au-dessus et en dessous.

**Étape 3 :**
Répétez cette étape en mettant successivement une tige de bambou, une tige de bois.

**Étape 4 :**
Puis insérez une première tige de mimosa frais. Si la tige de mimosa est trop courte, prenez-en 2 et placez-les tête-bêche.
A l'aide du peigne, serrez bien le mimosa avant de faire une nouvelle ligne.

**Étape 5 :**
Utilisez la navette pour vous aider à insérer les tiges de mimosa. Continuez ainsi 2 à 3 rangées de mimosa en tassant bien avec le peigne à chaque rangée.
Entre chaque rangée, insérez une tige de bambou.

**Étape 6 :**
Utilisez la navette pour élargir le tissage et insérer plus facilement les tiges de mimosa. Continuez ainsi jusqu'à environ 2 cm du bas du métier à tisser en alternant toujours avec des tiges de bambous.

**Étape 7 :**
Faites quelques rangées de fil de chaîne avec le fil d'or pour l'esthétisme et pour bien fermer le bas de la trame. Insérez une tige de bois et faites un nœud afin de maintenir le tissage.

**Étape 8 :**
Votre trame de mimosa est finie, vous pouvez retirer le fil de trame des encoches en haut et en bas. A l'aide d'un sécateur ou d'un coupe-tout, égalisez les tiges de bois qui dépassent, à gauche et à droite.

**Étape 9 :**
Le tissage est terminé. J'ai opté pour un cadre en bois 27,5 x 22,5 x 3 cm avec une marie-louise en papier blanc. Faites 2 trous à droite et à gauche pour insérer la tige de bois afin de maintenir le tissage.

Le tissage est réalisé avec un mimosa frais, une fois séché, il perd le volume de ses pompons qui deviennent de jolis ronds jaunes. Cette création, à l'esthétisme japonisant grâce aux tiges de bambous, rencontre beaucoup de succès.

TISSAGES D'HIVER

FLEURS SÉCHÉES

# MOUSSE

Les mousses (Bryophytes) sont des plantes assez archaïques, voire «préhistoriques» : dépourvues de racines et de tiges (elles n'ont pas de système vasculaire), elles sont très dépendantes de l'eau pour vivre et surtout pour se reproduire. Mises à part certaines espèces qui peuvent pousser en milieu sec, on ne les rencontre donc généralement que dans les lieux humides. Elles se fixent à leur substrat grâce à des organes rhizoïdes semblables à des poils, que l'on prend souvent pour des racines. Elles puisent leurs nutriments non pas dans le sol, mais dans l'air et l'eau (gaz et particules en suspension).

**Temps de réalisation :**
2 heures

LE SAVIEZ VOUS ?

Certaines mousses et lichens ont la capacité de revivre après avoir perdu presque entièrement leur eau : c'est la reviviscence. A l'état sec, les activités vitales sont pratiquement suspendues, l'organisme est alors en vie latente. Certaines mousses peuvent résister jusqu'à 14 ans de sécheresse.

# PAS À PAS FIL DE TRAME

**MATÉRIEL**

Métier à tisser
Fil de trame : cordelette de chanvre
Peigne
Navette
Aiguile
Ciseaux
Tige de bois
Pistolet à colle
Mousse, graines de pavot, coques de gland, fleurs de trèfle séchées

**Étape 1 :**
Commencez par monter le fil de trame sur le métier à tisser selon les explications p. 16-18. Le bâtonnet en bois est ici à l'intérieur et non à l'extérieur du métier à tisser.

**Étape 2 :**
Découpez des bandes de mousse de 1 cm de large et d'une longueur qui dépasse un peu votre trame de gauche à droite. Tassez bien avec le peigne entre chaque rangée. J'ai trouvé intéressant d'arrêter le tissage sur le milieu de la trame. Une fois le tissage de mousse fini, j'ai piqué ou collé différents végétaux avec un pistolet à colle.

**Étape 3 :**
Le tissage a un relief conséquent, j'ai préféré insérer une cordelette sur la tige en bois sans mettre de cadre.
Cela fonctionne très bien, on a une impression de petit nid d'oiseaux.

TISSAGE D'AUTOMNE
FLEURS SÉCHÉES

# FEUILLES

Le Cotinus, notamment le Cotinus coggygria et son cousin américain le Cotinus obovatus, surnommés « arbres aux perruques », sont de grands arbustes buissonnants au feuillage caduc vert ou pourpre prenant à l'automne des coloris somptueux et dont les inflorescences offrent en été un spectaculaire aspect plumeux rappelant la forme d'une perruque.

Le feuillage pourpre comme celui du célèbre Cotinus 'Royal Purple', celui rouge intense du cultivar 'Grace', ou le jaune doré du cotinus 'Golden Spirit', tous enchantent l'été et l'automne. Au fil des saisons, les feuilles virent magnifiquement du jaune à l'orange, puis au rouge grenat ou au pourpré à l'approche de l'hiver.

**Temps de réalisation :**
3 heures

LE SAVIEZ VOUS...
Arbuste de croissance moyenne, le Cotinus est une plante de bonne envergure, parfaite pour apporter au fil des saisons, de la couleur au jardin et égayer les haies libres, les massifs d'arbustes persistants et les rocailles ensoleillées. Certaines variétés naines sont aujourd'hui adaptées aux petits espaces comme à la culture en pots.

# PAS À PAS FIL DE TRAME

**MATÉRIEL**
Métier à tisser
Fil de chaîne : cordelette avec fil de fer intégré pour assurer le maintien du tissage
Fil de trame : cordelette avec fil d'or
Ciseaux

**FEUILLES**
Cotinus, hêtre, chêne, chataignier, marronier

**Étape 1 :**
Choisissez un fil solide qui ne cassera pas quand vous tendrez la trame. Réalisez un nœud sur la première fente. Il n'y a pas de bâtonnet pour ce tissage. Tissez votre fil de chaîne selon les explications p. 16-18.

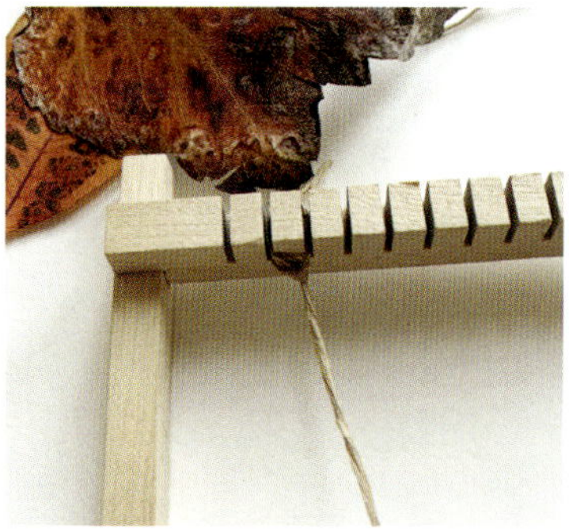

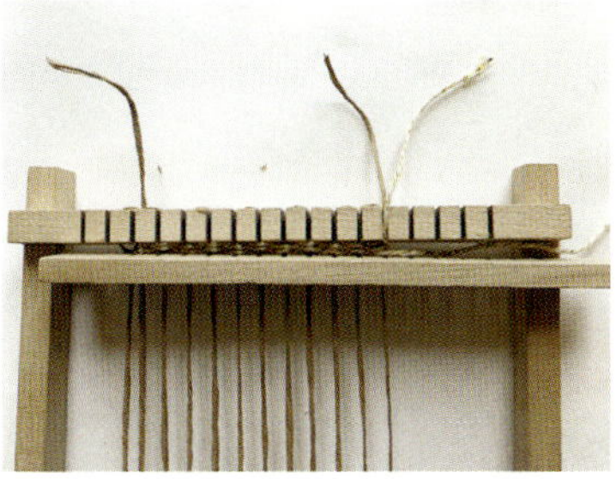

**Étape 2 :**
Réalisez un nœud avec le fil de trame avant de commencer. Faites plusieurs allers-retours et tassez bien avec le peigne.

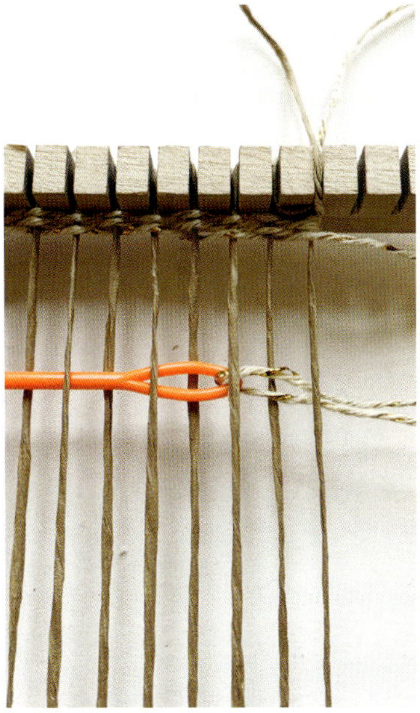

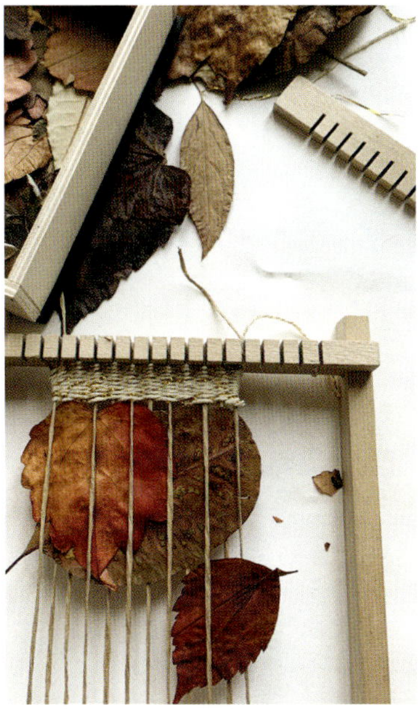

**Étape 3 :**
Réalisez une bonne dizaine de trames de fil avant de commencer à glisser vos feuilles. Attention, elles sont très fragiles et se cassent facilement. Faites une épaisseur assez conséquente pour que les feuilles se maintiennent bien entre elles

**Étape 4 :**
Continuez à tisser vos feuilles dans les fils de chaîne jusqu'à 3-4 cm du bas. Et recommencez à filer le fil de trame sur plusieurs rangées afin de bien maintenir les feuilles.

**Étape 5 :**
Retirez le fil des fentes.
Le fil de fer dans la cordelette m'a permis de donner un effet un peu arrondi au tissage et a bien consolidé le tout.

**Etape 6 :**
J'ai encadré ce tissage dans un cadre simple en bois clair avec une Marie-Louise. Le tissage n'étant pas épais, la vitre suffit à le maintenir dans le cadre.

Je suis très contente du résultat !

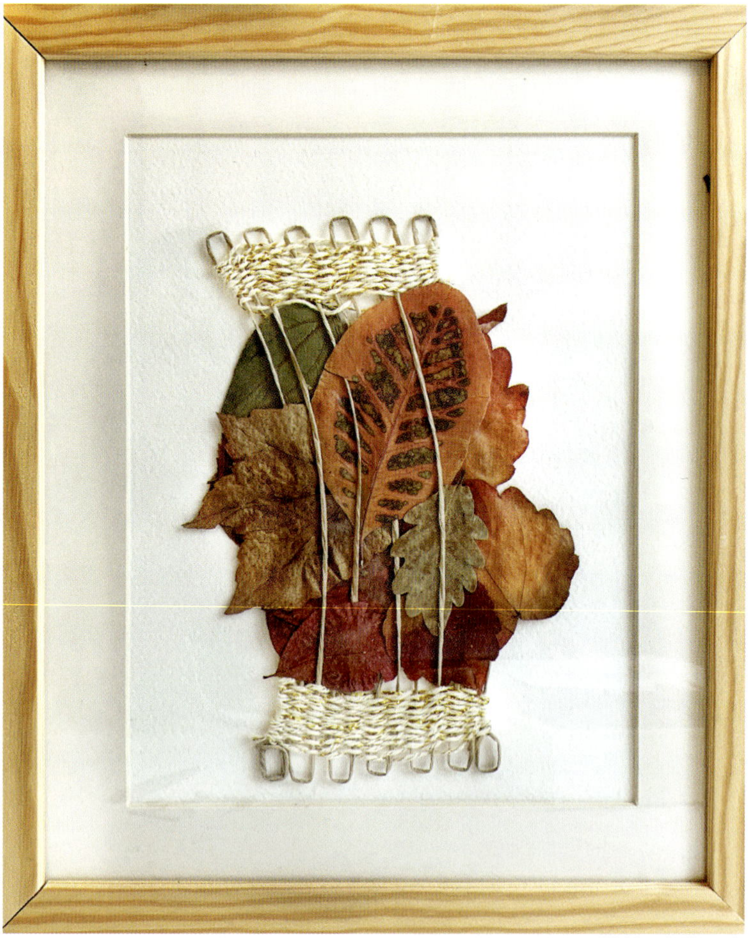

TISSAGE

# PRINTEMPS
# ÉTÉ

TISSAGE D'ÉTÉ

FLEURS FRAÎCHES

# AROMATIQUES

Mentha spicata 'Maroccan'
Arômes frais. Délicieusement parfumée, à récolter toute l'année ! Un régal dans le thé ou dans les plats. En été, la menthe fleurit en se couvrant de petites fleurs mauves. Elle fait la joie des papillons et des abeilles !

**Temps de réalisation :**
2 heures

LE SAVIEZ VOUS...
Vous pouvez également planter la menthe en pleine terre. Plantez-la alors directement avec son pot. Cela évitera à la plante de proliférer. Le cas échéant, posez la plante au soleil ou à la mi-ombre. Arrosez-la dès réception. Prévoyez davantage d'eau en périodes sèches.

# PAS À PAS FIL DE TRAME

**MATÉRIEL**
Métier à tisser
Fil de trame : cordelette avec fil d'argent
Ciseaux
Brindilles
Peigne
Navette

**AROMATIQUES**
Menthe, lavande, laurier, thym, ciboulette.

**Étape 1 :**
Créez votre fil de chaîne selon les explications p. 16-18. Il n'est pas impératif de remplir tout le cadre.

**Étape 2 :**
Pour obtenir un effet de masse, intégrez une ou plusieurs branches en fonction de la grosseur du végétal.

**Étape 3 :**
Commencez à tisser soit avec un cordon, soit avec un végétal. Si vous commencez par un aromatique, n'oubliez pas de mettre un bâtonnet sur la première trame. Si vous commencez avec un cordon, faites 4 à 5 allers-retours à l'aide de l'aiguille. Puis insérez vos aromatiques en dessous et au-dessus à l'aide de la navette en la passant dans votre trame. Vous relevrez ainsi les fils, ce qui permettra de glisser vos végétaux avec plus de facilité. Procédez de la sorte avec la lavande, la menthe, le laurier, le thym....

Dans un autre exemple, j'ai inséré de petites écorces de bois.

**Étape 4 :**
En fin de trame, retirez le fil des encoches. J'ai opté par une tige de lavande que j'ai fait glisser dans les encoches. Faites des nœuds au bout de votre trame pour fermer votre tissage. Prenez le même fil de chaîne pour l'accrocher sur la brindille.

TISSAGE D'ÉTÉ
FLEURS SÉCHÉES

# FLEURS SAUVAGES

L'été foisonne de fleurs. Vous allez découvrir dans ce chapitre différents tissages pour vous donner des idées de tons, de couleurs, de fleurs sauvages...

**Temps de réalisation :**
6 heures

LE SAVIEZ VOUS...
Le mélange de fleurs sauvages auxiliaires de culture est composé de 5 annuelles et 21 vivaces dont achillée millefeuille, achillée ptarmica, alysse maritime, alysse montanum, alysse saxatile, anis, anthémis des teinturiers, bleuet sauvage, bouton d'or, centaurée jacea, ciboulette, coriandre, coronille, echium, gaillarde vivace, julienne des jardins, millepertuis, myosotis des alpes, origan, prunelle, tanaisie, thym vivace.

# PAS À PAS FIL DE TRAME

**MATÉRIEL**
Métier à tisser format
39X29,5 cm
Ensouple
Fil de chaîne : cordelette
écrue
Fil de trame : végétaux
Ciseaux

**VÉGÉTAUX**
Statices blanches violettes, roses, blé, orge, lin, eucalyptus, graines de clématites, lavande, queues de lapin blanches, vertes, achilées jaunes

**Étape 1 :**
Montez le fil de chaîne en suivant les explications pages 16-18. Choisissez un fil solide ne risquant pas de casser lorsque vous tendez la trame.

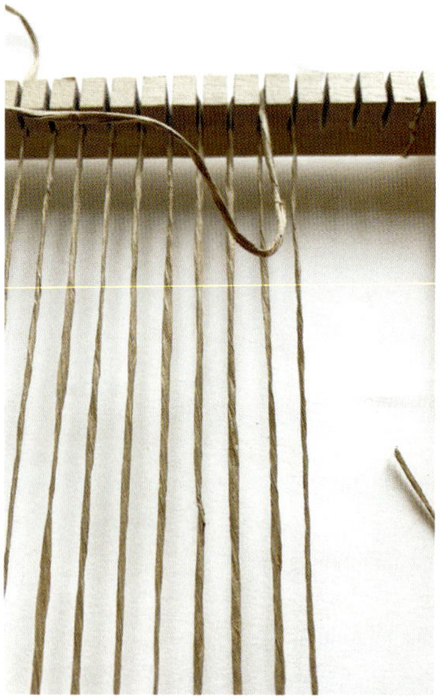

**Étape 2 :**
Une fois votre trame de chaîne réalisée, commencez le tissage. Pour ce type de format, j'utilise uniquement des fleurs séchées. N'hésitez pas à vous aider de l'ensouple pour faire levier sur les fils de chaîne. Cela permettra de relever les fils pour glisser les végétaux pour former la trame avec plus de facilité.

**Étape 3 :**
En fin de trame, retirez le fil des encoches. Placez un bâtonnet pour le haut. Pour le bas, j'ai fermé le tissage en faisant des nœuds.
Ce tissage grand format est d'un très bel effet, impressionnant par sa densité de fleurs sauvages. N'hésitez pas à l'éclairer pour mettre en avant chaque végétal.

CHAPITRE 2.

# LA RONDE DES FLEURS SÉCHÉES

# PAS À PAS FIL DE CHAÎNE

**MATÉRIEL**
Métier à tisser : cadre
23 cm de diamètre
pour tissage rond
Peigne
Navette
Fil de chaîne
Ciseaux

**Ce qu'il faut savoir...**
Les fils verticaux qui vont du bas au haut du métier s'appellent **fils de chaîne.** Les fils que l'on passe pour créer la trame s'appellent **fils de trame.** Comme pour le tissage carré, au rang suivant l'ordre est inversé. On passe d'abord en dessous puis au-dessus.
J'utilise 2 formats de cadres pour les tissages ronds, 23 cm et 18 cm de diamètre.

**Étape 1 :**
Nouez le fil sur la première fente du bas du cadre et tendez-le ensuite sur la dernière fente de la barre opposée en haut.

**Étape 2 :**
Ensuite, passez le fil sur la fente de gauche et tendez-le sur la deuxième fente de la barre du bas. Passez le fil vers la droite de la fente et tendez-le sur la barre du haut.

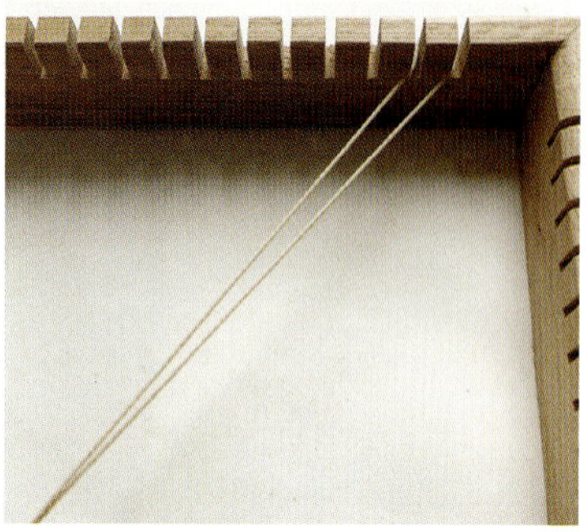

**Étape 3 :**
Continuez cette manipulation jusqu'à ce que les barres du haut et du bas soient complètement tissées. Réalisez un double nœud dans la dernière encoche. Veillez à garder la même tension du fil pendant la manipulation.

**Étape 4 :**
Recommencez le même processus avec les barres perpendiculaires en faisant passer le fil de droite et de gauche.

**Étape 5 :**
Continuez ainsi jusqu'à obtenir le fil de chaîne sur tout le cadre. Une fois arrivé sur la dernière fente, coupez le fil et nouez-le au cadre. Vous pouvez commencer à tisser votre fil de trame.

# BOULE DE RAPHIA & PÂQUERETTES

**DURÉE** : 3 heures

**MATÉRIEL**
Métier à tisser pour tissage rond 23 cm de diamètre
Fil de chaîne : cordelette beige
Fil de trame: raphia blanc et fil d'or
Ciseaux
Peigne
Navette

**VÉGÉTAUX**
Blé, pampa, achilées rouges, pâquerettes

**Étape 1 :**
Reportez-vous pages 52-53 pour réaliser le fil de chaîne. Choisissez un fil solide qui ne cassera pas quand vous tendrez la trame.

a —

b —

**Étape 2 :**
**a** - Commencez à passer la cordelette or sur 2 ou 3 tours puis continuez avec le raphia. Alternez dessus dessous sur toute la surface ronde sur environ 5 cm.
A chaque tour, tirez fortement sur le fil pour qu'il soit bien serré au centre.
**b** - Ensuite, commencez à passer le fil d'or juste sur un tour.
À chaque changement de fil, réalisez un nœud à l'arrière.

**Étape 3 :**
Continuez ainsi en intercalant de temps en temps un fil d'or. Lorsque le tissage a suffisamment de volume, commencez à intégrer les différents feuillages.

**Étape 4 :**
Arrêtez le tissage à environ 5 cm du bord du cadre et coupez les fils de chaîne à l'intérieur du cadre.
Nouez les fils par paires, les uns avec les autres.
Pour garder une tension sur le tissage et afin qu'il ne s'affaisse pas sur lui-même, coupez les fils, une fois à droite, à gauche au centre etc.
Votre tissage est terminé.

# BOULE D'IMMORTELLES

**DURÉE** : 3 heures

**MATÉRIEL**
Métier à tisser pour tissage rond 23 cm de diamètre
Fil mélangé argent et rose
Ciseaux
Aiguille
Bâtonnet

**VÉGÉTAUX**
Immortelles rouges et roses

**Étape 1 :**
Reportez-vous pages 52-53 pour réaliser le fil de chaîne. Choisissez un fil solide qui ne cassera pas quand vous tendrez la trame.

**Étape 2 :**
Une fois votre fil de chaîne terminé, vous pouvez commencer à tisser vos immortelles. Commencez à passer très délicatement la tige de la fleur au-dessus et en dessous et tirez tout doucement afin de ne pas casser la tige, et afin de bien centrer la fleur sur le cadre.

a —

b —

**Étape 3 :**

**a** - Continuez à placer vos fleurs en essayant de ne pas faire de trous et de réaliser un joli camaïeu de rouges.

**b** -À l'aide du bâtonnet, poussez les tiges de l'arrière très délicatement vers le centre.

**Étape 4 :**

Une fois le tissage de vos fleurs terminé, vous pouvez commencer à tisser avec le fil rose, en passant dessus dessous. Continuez cette manipulation sur environ 3 à 4 cm de tissage.

À chaque passage de fil, tirez bien dessus pour qu'il prenne la forme arrondie du cadre mais très délicatement pour ne pas casser les tiges.

**Étape 5 :**

Après avoir réalisé un nombre de tours suffisant pour que les immortelles soient bien fixées, au dos du tissage, réalisez des nœuds pour éviter que le fil ne se détache des fleurs.

**Étape 6 :**
Arrêtez le tissage à environ 5 cm du bord du cadre pour couper les fils de chaîne à l'intérieur de celui-ci.

Nouez les fils par paires, les uns avec les autres.
Pour garder une tension sur le tissage et afin qu'il ne s'affaisse pas sur lui-même, coupez les fils une fois à droite, à gauche, au centre etc.
Votre tissage est terminé, vous pouvez l'encadrer.

# BOULE DE PÂQUERETTES

**DURÉE** : 3 heures

**MATÉRIEL**
Métier à tisser pour tissage rond 23 cm de diamètre
Fil de chaîne : cordelette argent
Fil de trame : raphia blanc et fil d'argent
Ciseaux
Peigne
Navette

**VÉGÉTAUX**
Pâquerettes séchées

**Étape 1 :**
Reportez-vous pages 52-53 pour monter le fil de chaîne. Choisissez un fil solide qui ne cassera quand vous tendrez la trame.

**Étape 2 :**
**a** - Commencez à tisser le cœur en passant le raphia blanc au-dessus et en dessous sur toute la surface ronde sur environ 3 cm. À chaque fin de rond, tirez sur le fil pour qu'il soit bien serré au centre.
**b** -Faites un nœud à l'arrière.

a —

b —

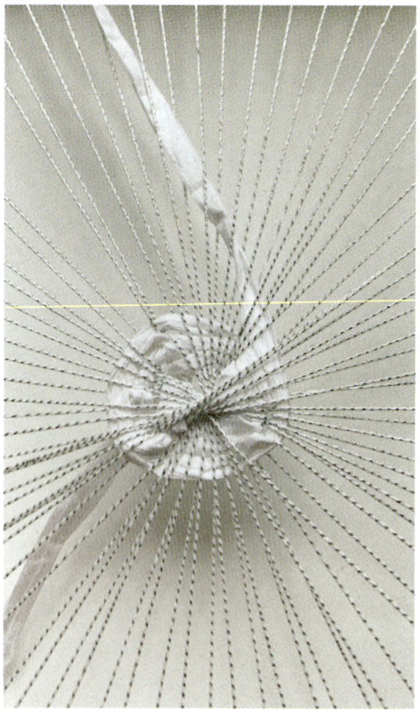

**Étape 3 :**
Commencez à tisser avec le fil d'argent et insérez entre les fils de chaîne la tige fine de la pâquerette. C'est une étape très délicate, faites attention à ne pas casser la tige.

**Étape 4 :**
Disposez 2 à 3 pâquerettes sur chaque rang en les intercallant avec un fil d'argent et à l'aide de l'aiguille pour passer entre les fils, afin de maintenir la fleur.
Continuez ainsi jusqu'à obtenir un rond tissé en fil d'argent d'environ 5 cm.

**Étape 5 :**
Arrêtez le tissage à environ 5 cm du bord du cadre puis coupez les fils de chaîne à l'intérieur du cadre.

Nouez les fils par paires les uns aux autres.
Pour garder une tension sur le tissage et afin qu'il ne s'affaisse pas sur lui-même, coupez les fils, une fois à droite, à gauche au centre etc.
Votre tissage est terminé.

# BOULE DE COLZA & BOUTONS D'OR

**DURÉE** : 2 heures

**MATÉRIEL**
Métier à tisser pour tissage rond 19 cm de diamètre
Fil de trame : cordelette or
Ciseaux
Aiguille

**VÉGÉTAUX**
Colza et boutons d'or

# PAS À PAS FIL DE CHAÎNE

**MATÉRIEL**
Métier à tisser pour tissage rond19 cm de diamètre
Fil d'or
Aiguille
Ciseaux

**Étape 1 :**
Nouez le fil sur la fente au centre du rond et ensuite sur la fente opposée du cadre. Veillez à garder la même tension de fil pendant toute la manipulation.

**Étape 2 :**
Ensuite, passez le fil sur la fente de gauche et tendez-le sur la fente opposée du bas. Continuez à passer le fil vers la gauche de haut en bas.

**Étape 3 :**
Continuez cette manipulation jusqu'à ce que tout le cadre soit complètement tissé.

**Étape 4 :**
Faites un double-nœud lorsque vous arrivez à la dernière encoche. Vous pouvez commencer à tisser votre fil de trame.

# PAS À PAS
# FIL DE TRAME

a –

b –

**Étape 1 :**

**a** - Commencez le tissage avec le colza. Prenez délicatement la tige et faites-la passer en dessous et au-dessus jusqu'à la fleur. Quand vous arrivez à la fleur ne tirez pas dessus pour éviter de la casser.

**b** - Avec l'aiguille, tassez bien au centre pour masquer les trous.

**Étape 2 :**

Continuez ainsi jusquà obtenir un centre de colza d'environ 3 cm.

a —

b —

**Étape 3 :**

**a** - Passez une longueur de fil d'or assez conséquente dans l'aiguille, faites le tour des colzas tout en laissant 4 cm de longueur de fil à l'arrière.

**b** - Une fois cette opération terminée, faites un nœud à l'arrière.

**Étape 4 :**

Passez le fil d'or au-dessus et en dessous. Continuez de la sorte sur environ 3 à 4 cm de tissage.
À chaque passage de fil, tirez fortement afin qu'il prenne la forme arrondie du cadre.

a —

a —

b —

**Étape 5 :**

**a**- Faites passer la tige du bouton d'or au-dessus et en dessous. Attention à ne pas tirer trop fort lorsque vous arrivez à la tête de la fleur pour ne pas la casser. Continuez ainsi du même côté sur une petite longueur.

**b** - Puis repassez votre fil d'or au-dessus et en dessous sur 3 à 4 tours.

**Étape 6 :**
Une fois le nombre de tours suffisant pour que les boutons d'or soient bien maintenus, à l'arrière du tissage, réalisez un nœud avec les 2 fils pour éviter que le fil ne se détache des fleurs.

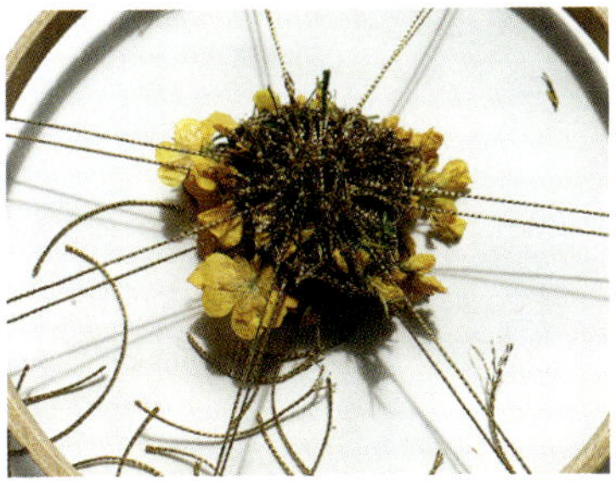

**Étape 7 :**
Passez à l'arrière du tissage, coupez chaque paire de fil et faites un double nœud. Répartissez la coupe des fils, à droite, à gauche, en bas, en haut afin d'éviter que votre tissage ne s'affaisse. Pour faciliter la coupe, après chaque nœud, coupez le surplus de fil au fur et à mesure afin d'avoir plus de visibilité sur votre travail.

**Étape 8 :**
Une fois que tout est coupé, votre tissage est prêt à être encadré.

# BOULE DE MINI-TOURNESOL

**DURÉE** : 3 heures

**MATÉRIEL**
Métier à tisser pour tissage rond 23 cm de diamètre
Fil de chaîne : cordelette or
Fil de trame : fil d'or
Ciseaux
Peigne
Navette

**VÉGÉTAUX**
Tournesols cotonneux

**Étape 1 :**
Reportez-vous pages 52-53 pour réaliser le fil de chaîne. Choisissez un fil solide qui ne cassera pas quand vous tendrez la trame.

**Étape 2 :**
Commencez à passer le fil d'or au-dessus et en dessous sur toute la surface ronde, sur environ 3 cm, à chaque fin de tour du fil de trame, tirez fermement sur le fil pour qu'il soit bien serré au centre.

**Étape 3 :**
Commencez à tisser avec le fil d'or et insérez la fine tige de tournesol entre les fils de chaîne. C'est une étape très délicate, faites attention à ne pas casser la tige.

**Étape 4 :**
Ajoutez des tournesols pour arriver à un tour complet sur plusieurs rangs. À l'aide de l'aiguille, intercalez un fil d'or afin de maintenir les fleurs.

**Étape 5 :**
Arrêtez le tissage à environ 5 cm du bord du cadre pour couper les fils de chaîne à l'intérieur de celui-ci.
Nouez les fils par paires, les uns aux autres.
Pour garder une tension sur le tissage et afin qu'il ne s'affaisse pas sur lui-même, coupez les fils, une fois à droite, à gauche au centre etc.
Votre tissage est terminé.

CHAPITRE 3.

# LES TISSAGES PRÉCIEUX PAR ISABELLE FAIVRE

INVITATION

ISABELLE FAIVRE

# AUTRES TISSAGES

Isabelle Faivre, une amie artiste en papier découpé, créé des mini-tableaux tissés avec différents végétaux.

Aujourd'hui, je suis heureuse de vous présenter ses créations et sa pratique du tissage végétal. Ses tissages sont réalisés avec un morceau de carton, des ciseaux, du fil et et les merveilles végétales récoltées au gré des saisons.

**Temps de réalisation :**
3 heures

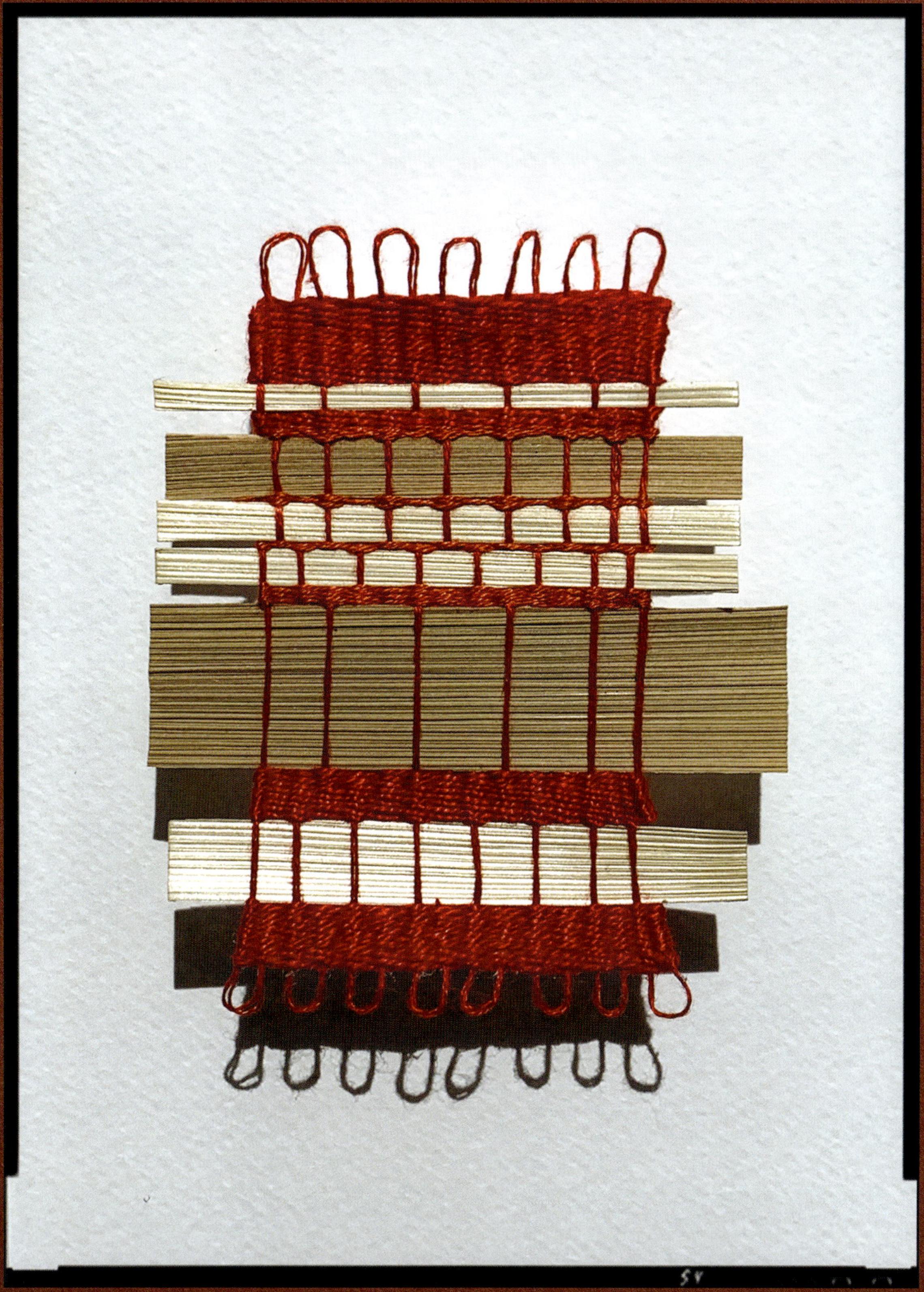

# PAS À PAS DU MÉTIER À TISSER EN CARTON

**DURÉE** : 30 minutes

**MATÉRIEL**

Carton de 7,5X8,5 cm
et de 2 mm d'épaisseur
Crayon de papier
Règle graduée
Cutter ou ciseaux
Gomme

**Étape 1 :**
À 0,5 cm du bord, du côté le plus étroit, tracez une ligne de repère. Faites de même sur le côté opposé.

**Étape 2 :**
À1,5 cm, tracez 16 repères éloignés de 3 mm chacun. Faites de même sur le bord opposé.

**Étape 3 :**
Coupez sur les traits à l'aide du cutter ou des ciseaux. Gommez les traits de crayon. Votre métier à tisser est terminé et prêt à accueillir votre premier tissage.

# PAS À PAS DU FIL DE CHAÎNE

**DURÉE** : 30 minutes

**MATÉRIEL**
Cadre en carton avec encoches découpées
Cordons de couleur DMC pour les fils de chaîne et les fils de trame
Ciseaux
Aiguille à bout rond
Scotch

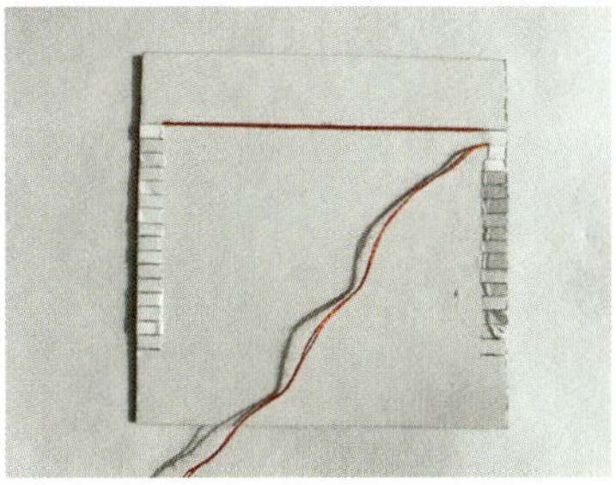

a —

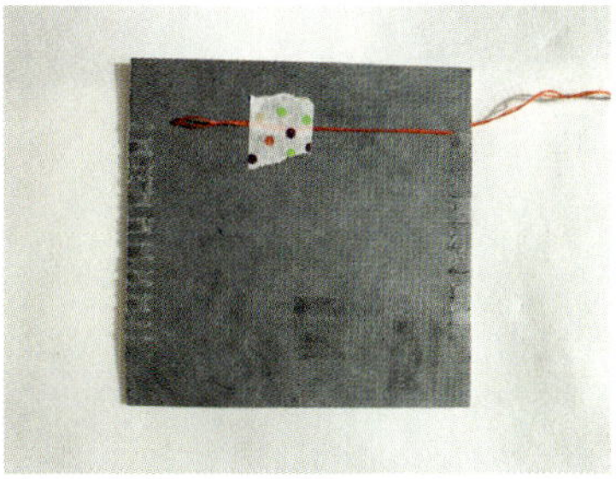

b —

**Étape 1 :**
**a** - Tendez 2 brins de coton DMC rouge pour le fil de chaîne. Glissez-le dans la première encoche.
**b** - Scotchez le fil au dos du carton pour le maintenir.

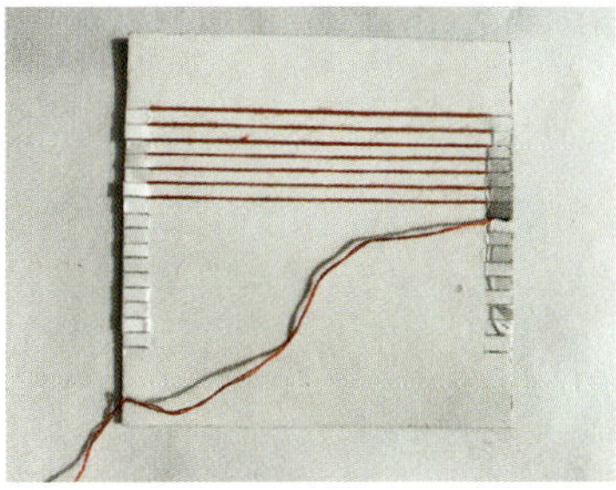

**Étape 2 :**
Passez le fil dans la première encoche à l'opposé et ainsi de suite dans toutes les encoches du carton.

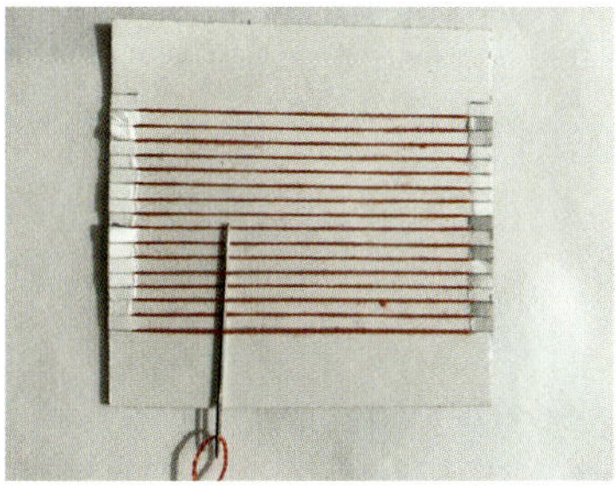

**Étape 3 :**
Une fois arrivé à la dernière encoche, fixez le fil au dos du carton avec le scotch. La chaîne est terminée, vous pouvez commencer à tisser votre fil de trame.

# PAS À PAS DU FIL DE TRAME

**DURÉE** : 3 heures

**Etape 1 :**
Glissez un fil de coton rouge dans l'aiguille à bout rond.

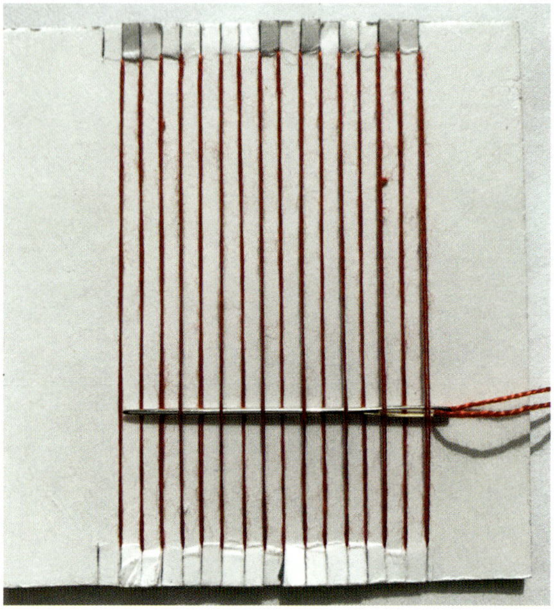

**Étape 2 :**
**a** - Passez votre aiguille en dessous et au-dessus du fil de chaîne jusqu'au bout du carton.
**b** - Maintenez le fil au dos avec un petit morceau de scotch pour commencer votre tissage.

**a —**

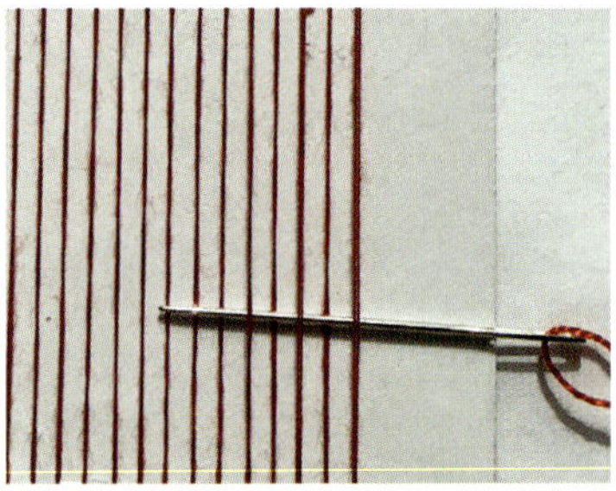

**b —**

**Étape 3 :**
Commencez le deuxième rang en inversant le passage de l'aiguille sur la trame du fil de chaîne.

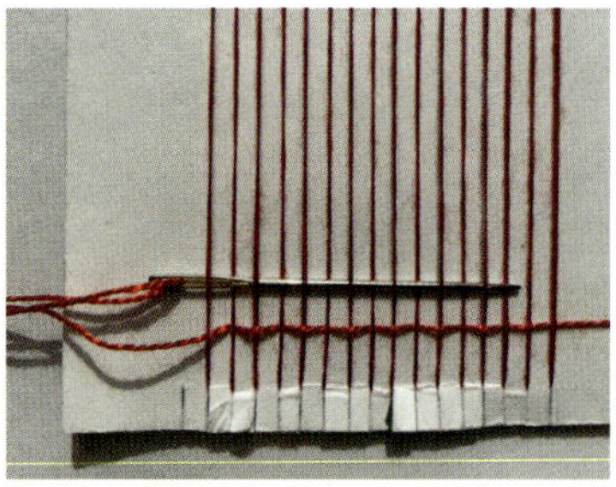

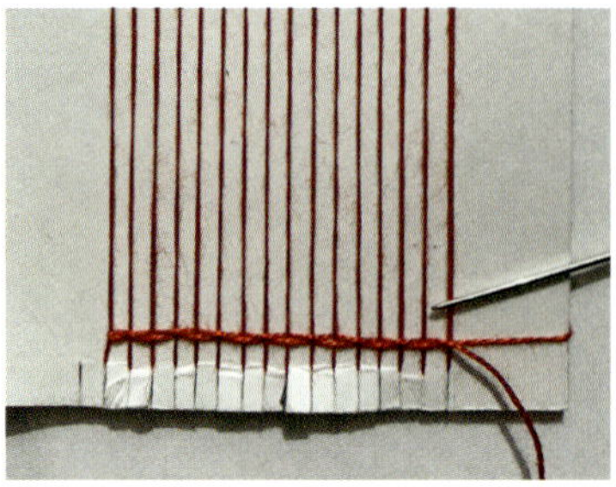

**Étape 4 :**
À chaque passage, resserrez les fils avec l'extrémité de l'aiguille. Exercez en même temps une légère tension sur le fil de l'aiguille.

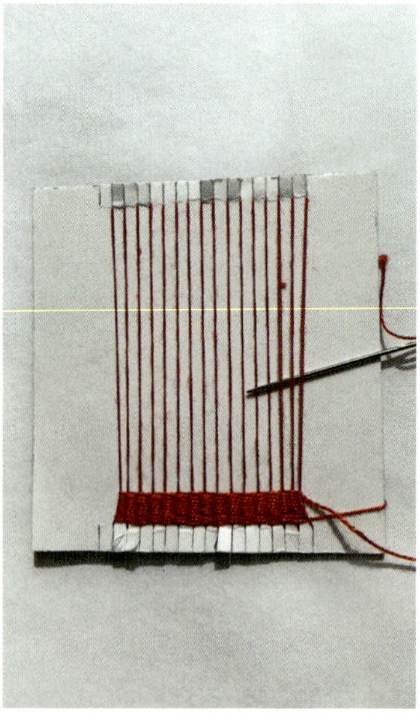

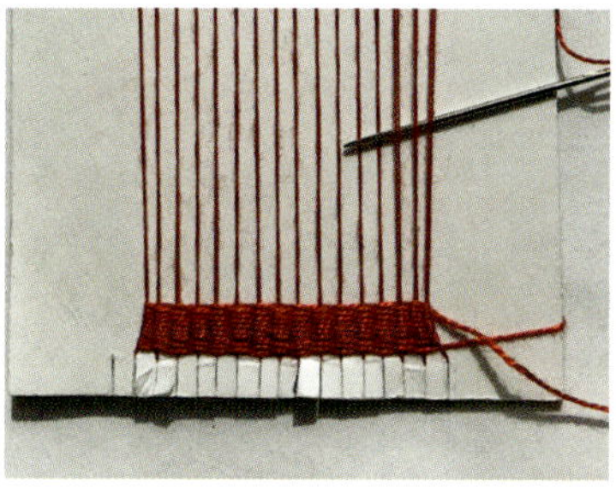

**Étape 5 :**
Lorsque vous avez obtenu la première hauteur souhaitée, arrêtez le fil au dos du métier comme précédemment avec un morceau de scotch.

a —

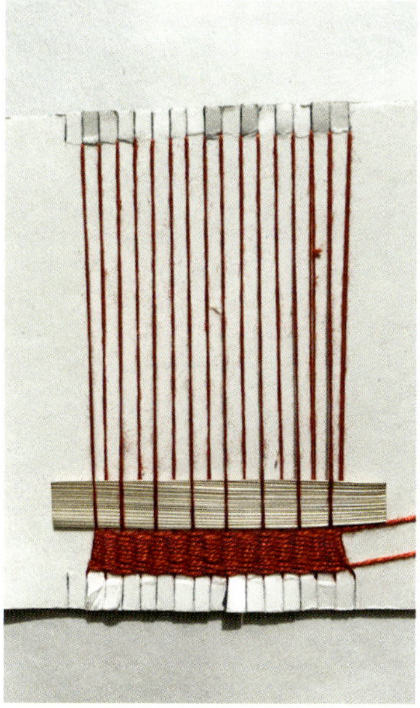

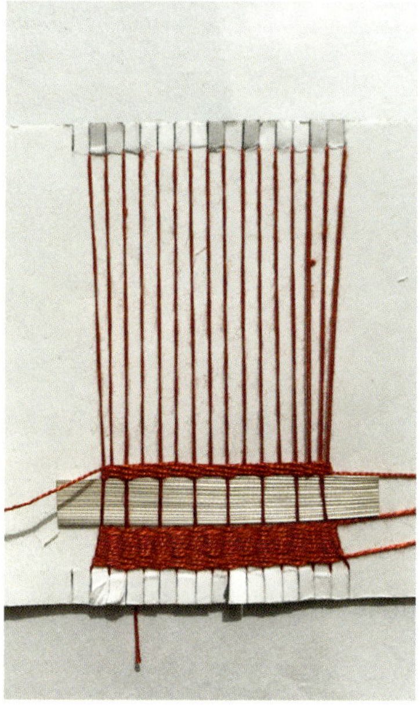

b —

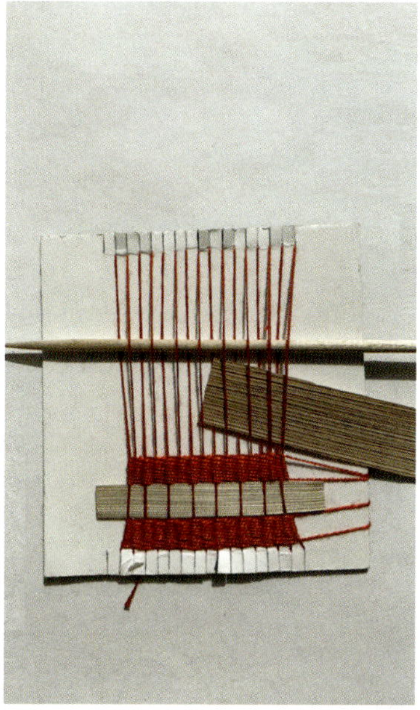

**Étape 6 :**
**a** - Continuez le tissage avec l'élément végétal de votre choix (bambou pour cet exemple) et aidez-vous d'un bâtonnet pour soulever les fils afin de glisser votre élément. Appliquez le bambou contre les fils et retirez la baguette de bois.
**b** - Continuez le tissage en alternant les passages avec du fil et les éléments végétaux.

**Étape 7 :**
**a** - Une fois le tissage terminé, rentrez les fils latéraux pour les dissimuler.
**b** - Le dernier fil tissé va être bloqué et dissimulé dans les premières boucles débutant les rangs précédents comme vous le voyez sur la photo.

a —

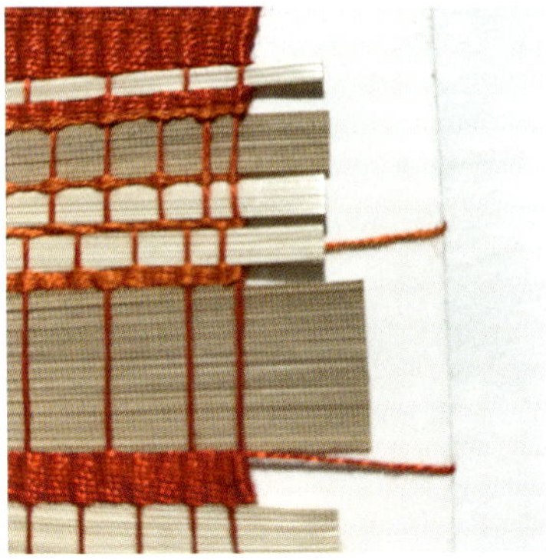

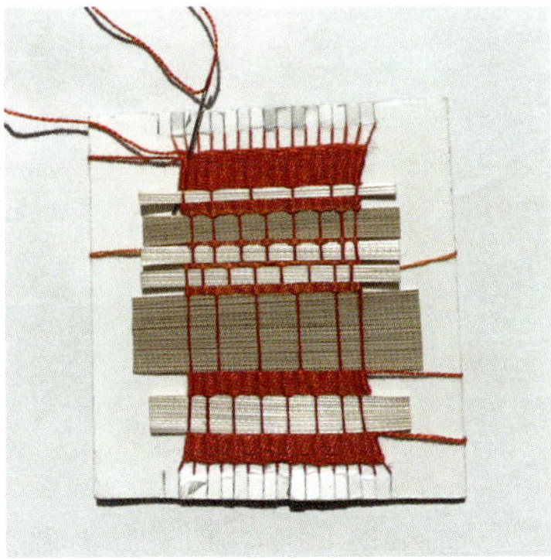

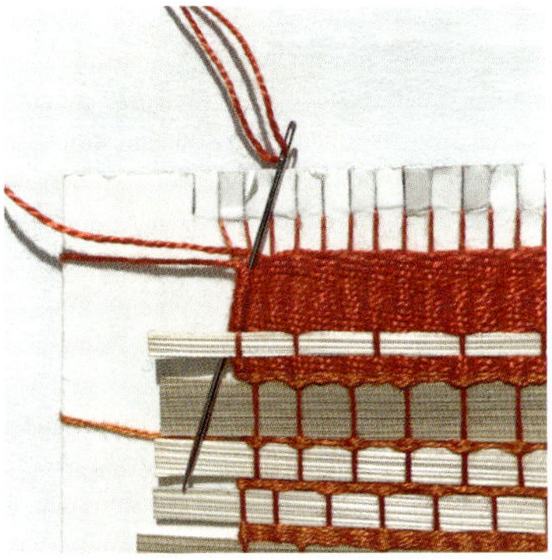

b —

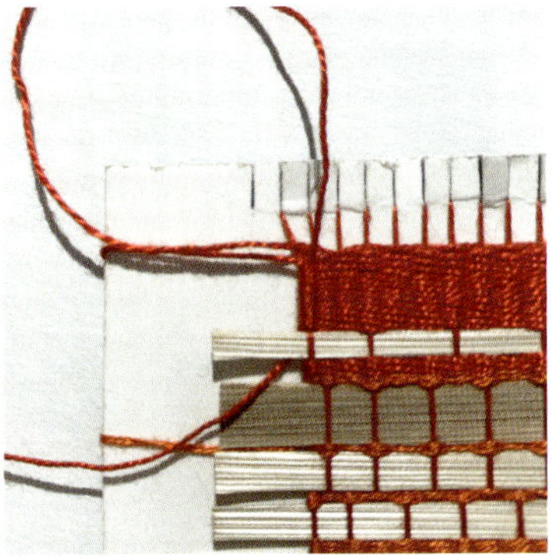

**Étape 8 :**
**a** - Coupez l'excédent du dernier fil dissimulé. Renouvelez cette opération à chaque changement de couleur de fil.
**b** - Retirez les scotch des fils au dos de l'ouvrage.
**c** - Coupez l'excédent à ras.

a —

b —

c —

**Étape 9 :**

**a** - Pour faciliter l'étape de démontage, je vous conseille de rabattre légèrement les encoches cartonnées vers l'avant du tissage.

**b** - Puis, à l'aide d'une épingle glissée sous la boucle au dos du carton, dégagez lentement celle-ci en la passant par-dessus l'encoche.

**a –**

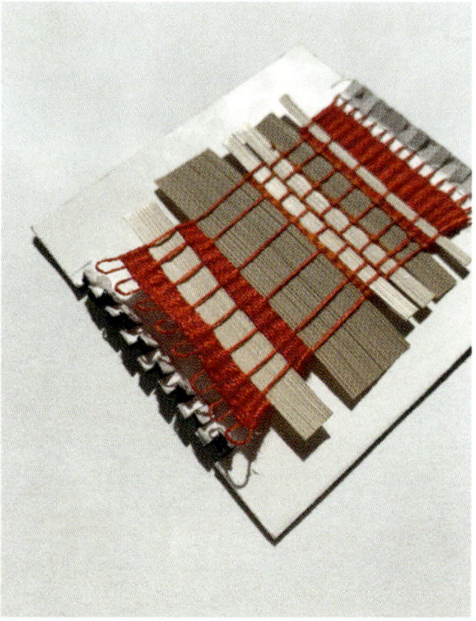

**b –**

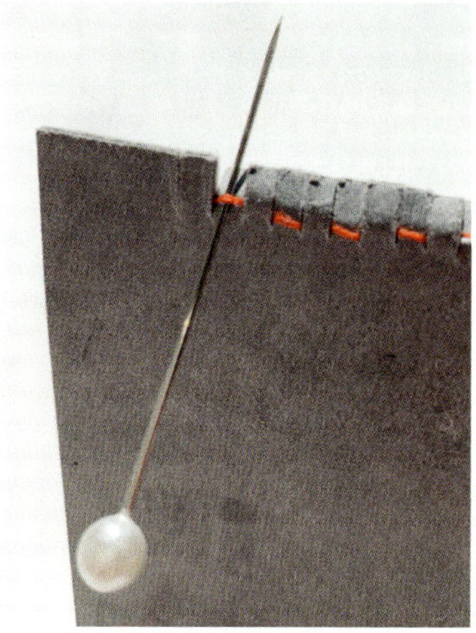

**Étape 10 :**

**a** - Répétez l'opération sur toutes les boucles et sur l'autre bord du tissage.

**b** - Rentrez et coupez les deux fils de chaîne à ras.

**a –**

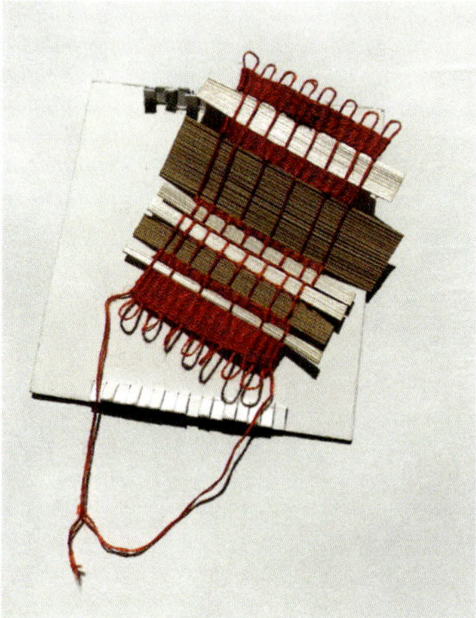

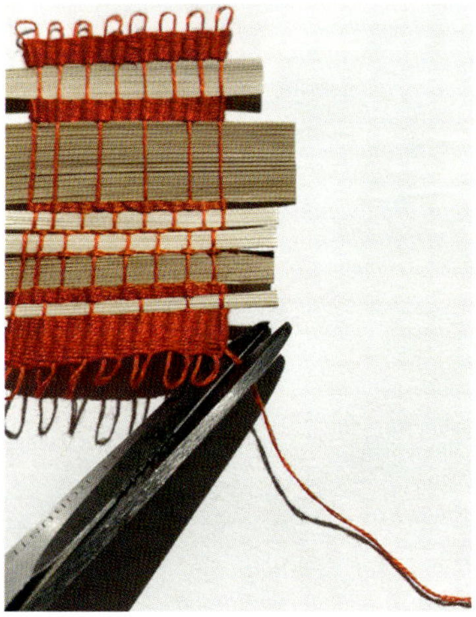

**b –**

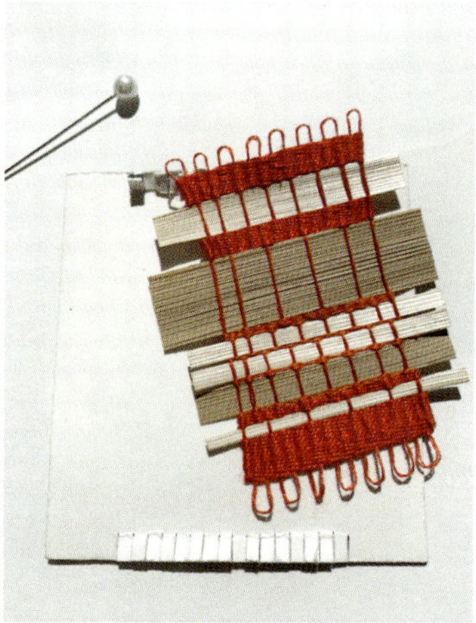

**Étape 11 :**
Découpez des rectangles adaptés à la taille du tissage dans un carton plume de 1 cm d'épaisseur par exemple afin de surélever le tissage pour une plus jolie présentation sous cadre.

**Étape 12 :**
Maintenez le tissage en place à l'aide de Patafix ou éventuellement en le collant sur le carton.

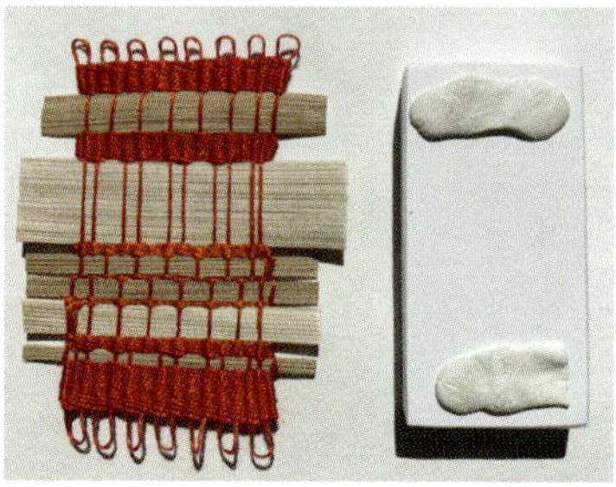

**Étape 13 :**
Dans un papier de 160 gr, découpez le fond à la taille du cadre. Placez et fixez le tissage au centre du papier à l'aide de Patafix ou de colle. N'hésitez pas à ajouter une Marie-Louise pour sublimer votre présentation.

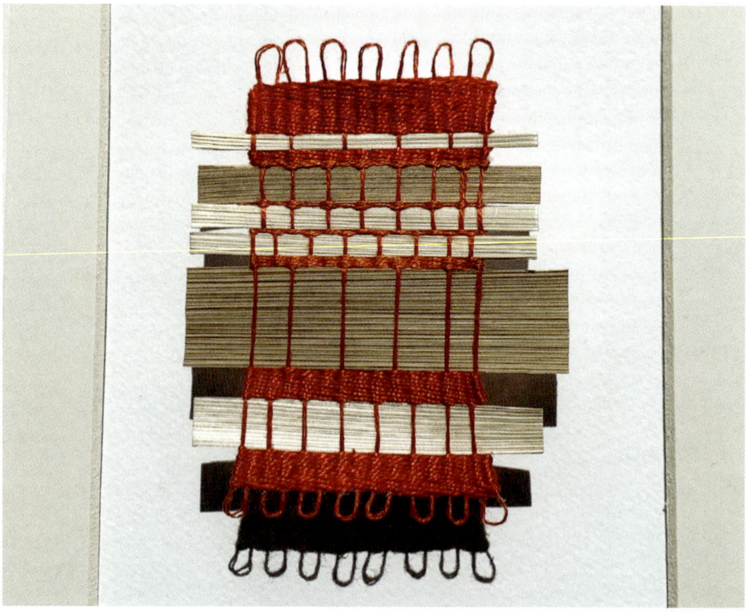

Laissez cours à votre imagination, Isabelle travaille avec une palette large en couleurs et matériaux...

Je vous propose de découvrir 4 de ses créations...

# UN GRAND MERCI

Tout particulièrement à **Viviane** (les Éditions de Saxe), pour avoir eu ce coup de cœur pour mon travail de tissage végétal, de m'avoir permis de réaliser ce livre en me donnant carte blanche sur la maquette et la joie d'avoir cet ouvrage entre mes mains.

**Damien** pour ta direction artistique, ta patience, ta bienveillance, tes idées, ton travail m'ont permis de réaliser ce livre sans inquiétude et de mener à bien ce beau projet !

**Isabelle F.** artiste magnifique, sans qui je n'aurais pas eu cette étincelle pour créer mes tissages.

**Muriel** pour ta formation de retouche sur mes images et tes précieux conseils.

Les encouragements de mes amis(es) et tout particulièrement **Chantal** pour sa presse en bois si indispensable et les merveilles de son jardin. Ma famille, ma fille **Manon** qui m'ont apporté leur soutien, **Nadine & Christian** pour mes cueillettes si précieuses dans leur pépinière Ellebore.

**les éditions de saxe**
13, rue Jules Verne
CS 40205 - 69630 Chaponost
**www.edisaxe.com**



**Créations :** Nathalie Geoffroy
**Maquette :** Damien Layeul



**TISSEZ VOS FLEURS SÉCHÉES**
MLAB357 - ISBN : 978-2-7565-3631-6
Impression en Italie
Dépôt légal : à parution